JN436541

좋은 그림 좋은 시 · 2

박영복

Park, Young Bok

한국대표중진화가선집

고요아침

좋은 그림 좋은 시 · 2
박영복 한국대표중진화가선집

초판 1쇄 인쇄일 · 2007년 12월 11일
초판 1쇄 발행일 · 2007년 12월 17일

지은이 | 박영복
펴낸이 | 노정자
펴낸곳 | 고요아침
편집장 | 김창일
편 집 | 정동열

출판 등록 2002년 8월 1일 제 1—3094호
120—814 서울시 서대문구 북가좌동 328—2 동화빌라 101호
전화 | 302—3194~5, 3144
팩스 | 302—3198
e—mail : goyoachim@hanmail.net

ISBN 976-89-6039-124-6(04980)
값 10,000원

Park, Young Bok

일상일기-꽃바람   53.0x45.5 cm

꽃_김춘수

내가 그의 이름을 불러주기 전에는
그는 다만
하나의 몸짓에 지나지 않았다.

내가 그의 이름을 불러 주었을 때
그는 나에게로 와서
꽃이 되었다.

내가 그의 이름을 불러준 것처럼
나의 이 빛깔과 향기에 알맞은
누가 나의 이름을 불러다오.
그에게로 가서 나도
그의 꽃이 되고 싶다.

우리들은 모두
무엇이 되고 싶다
너는 나에게 나는 너에게
잊혀지지 않는 하나의 눈짓이 되고 싶다.

일상일기-길 33.4x19.0 cm

꽃피는 날_허영자

누구냐 누구냐
또 우리 맘속 설렁줄을
흔드는 이는

석달열흘 모진 추위
둘치같이 앉은 魂을
불러내는 손님은

팔난봉이 바랑둥이
사낼지라도
門 닫을 수 없는
꽃의 맘이다.

일상일기-가을바람 90.9x65.1 cm

가을편지_유안진

들꽃이 핀다
나 자신의 자유와
나 자신의 절대로서
사랑하다가 죽고 싶다고
풀벌레도 외친다
내일 아침 된서리에 무너질 꽃처럼
이 밤에 울고 죽을 버러지처럼
거치른 들녘에다
깊은 밤 어둠에다
혈서를 쓰고 싶다.

일상일기-꽃바람3 65.1x45.5 cm

꽃이 된 그대_임동윤

눈물로 산 사연을 말하리라
먼 후일
꽃이 된 그대를 만나면
차마 인간답게 살지 못한 죄
가슴 아프게 울지 못한 죄
낱낱이 들쑤시며 용서받으리라
먼 후일
바람의 길을 따라
하늘 간다면
벌써 꽃이 된 그대
다시 한번 만나서
푸르게, 푸르게 살아보리라

일상일기-꽃바람4 72.7x50.0 cm

분꽃_나태주

개울가에 외딴집
분꽃이 피었다
하양 빨강 어쩌다 노랑
혼자 사는 아낙네
빨래 걷는 저녁 때
아직은 가슴속에
입 벌린 소망과 슬픔
보고 가라 이른다.

일상일기-꽃바람2　65.1x45.5 cm

꽃 · 185_장 렬

겨울나무 불에 불타듯
불이고 싶어서

한 여름 마른 햇살 씻어내는
강물이고 싶어서

맨 살로 산을 내려오는 봄날
꽃이고 싶어서

더러는 눈 먼 그리움을 적시는
가을비이고 싶어서.

일상일기-길 33.5x24.5 cm

벌레집_황인원

강원도 둔내 산골에 가면
향기 나는 길이 있네

버드나무와 두충나무, 그리고
붓순나무와 녹나무는
바람의 길을 만드네
바람은 나뭇가지에 앉아
연신 나뭇잎의 길을 만들고
나뭇잎은 그늘 속으로
무릎을 꺾으며, 넘어지며
꽃의 길을 만드네

꽃의 길은 벌레소리가 모여 환하네
거미와 개미, 딱정벌레와 무당벌레들
모여 환한 꽃의 길 위에
집을 짓네

난 언제나 꽃의 길을 만들어
내 몸에 벌레집을 지을까

일상일기-꽃바람6 72.7x53.0 cm

꽃의 선율_권갑하

썼다가는 지우고
끝내 한 줄 채우지 못한
다만 설레임만이
빨간 우편함을 추억하는
꽃그림 씨앗처럼 박힌
그런 편지
받고 싶었습니다.

내 안에 현기증처럼 번지는
그대 사랑의 선율
어둠 속 하얀 불빛
온 몸으로 반짝이는
그리운 이의 숨결 같은
그런 노래
듣고 싶었습니다.

일상일기-꽃바람23　60.6x50.0 cm

相思花_김삼환

거짓말처럼
거짓말처럼
참말로
거짓말처럼

내 마음 가지에 묶어 바람에게 전하려다

참말로 거짓말처럼 꽃이 지고 말았네

거짓말처럼
거짓말처럼
참말로
거짓말처럼

내 마음 뗏목에 묶어 그대에게 띄우려다

참말로 거짓말처럼 알몸으로 돌아섰네

참말처럼
참말처럼
거짓말로
참말처럼

내 그림자 그대에게 반쯤만 기울어져

허기진 마음 가리려 등만 보고 돌아서네
말로

참말처럼

내 그림자 그대에게 반쯤만 기울어져

허기진 마음 가리려 등만 보고 돌아서네

꽃_이종문

꽃이
고운 꽃이

환장하게
고운 꽃이

사람은
간 데 없는

무덤가
거기 피어

돌 위에
창자를 놓고

찧는 듯이
아파라 !

일상일기-민들레꽃　31.5x29 cm 목판

일상일기-꽃바람樂 90.0x72.7 cm

꽃도둑_강현덕

소나기가 막 지났다 까치가 뒤쫓아 갔다
황토 묻은 분꽃 꽃대만 남아 있다
오늘 핀 새 꽃잎들을 다 집어가 버렸다

빈 꽃대에 맴돌던 흰 나비 한 마리가
황망히 돌아서다 날 본다
다 안다는 듯
젊은 날
내 연한 살들
내가 다 훔친 것을!

일상일기-꽃바람25　41.0x64.0 cm

찔레꽃 그늘_우은숙

찔레 덤불 사이사이 바람이 지나가자
무리지어 흰 꽃을 터트린 찔레꽃이
반 접힌
오후의 액자에 그림처럼 걸린다

발긋발긋 터지는 순간마다 꽃망울은
한낮의 거친 볼에 그늘을 키운다
그늘은
가난한 땅에서 더더욱 넓어진다

꽃그늘 사이로 피어난 흰 발자국 하나
선명한 판화로 남아 뿌리를 내린 그 때
흰 그늘,
지친 내 몸을 오래도록 쓰다듬는다

일상일기-꽃바람7 72.7x53.0 cm

골무꽃_박지현
—꽃보기 · 2

낫은 곳으로
더 낫은 곳으로 몸 낫추어 피는 꽃

도회지 세간
그 아픔을 깁고 있다

골무 낀 손가락 끝에
연보라 눈물 매달면서

일상일기-겨울꽃 53.0x45.5 cm

마른 꽃_이송희

어느새
안개가 피었나,
그녀의 방
비스듬히 놓여 있는 전신 거울 속에는
하늘로 몸을 내맡긴 줄기가 파닥거리고

넘긴 만큼의 갈피 속에는
상처 없는 구절이란 없어
생(生)은 떨어지는 순간,
새 이름을 갖는 것

어쩌면 네 기억 속에
푸른 금이란
그 때,

모두가 떠난 뒤에
다시 불을 켜지 못하고

눈물만 와르르 쏟아낸 창문 밖으로

저 홀로 몸을 던진 그 한 잎을
찾아낸 것인지.

일상일기-꽃밭 72.7x53.0 cm

넝쿨 장미가 스치다_이석구

천천히 아주 천천히
마당 안쪽을 와서
아랫집에 뻗친 장미
넝쿨 한 번 더 엮으면
그대가
숫기도 없이
뒷걸음쳐
가는가

담장 위로 꽃들이
목을 빼고 피는가
나는 기다리다 지쳐
넝쿨을 잡다 놓았는가
느리게
아주 느리게
꽃망울이
맺힌다

일상일기-꽃바람11 72.7x60.6 cm

복수초福壽草_정선주

이른 봄 눈 녹이며
당차게 돋아있다
뿌리 끝 뜨거움이
금빛으로 필 때까지
신 앞에 두 손 모으고
가슴에 등불을 켠다.

기-인 아픔 이겨내고
다부지게 앉아 있는,
북풍도 이쯤이면
그 앞에 무릎 꿇으리.
소망의 저 잔들 앞에
말씀들이 피어 있다.

일상일기-꽃바람24　33.4x19.0 cm

석화石花_황성진

바위도
한 천년쯤 묵으면 꽃을 피우는지
만리포와 신두리에 세든 알몸의 갯바위들이
십이월 엄동을 골라 검은 꽃을 피웠다
물보고 또
모래보고 살아가는 사람들이
곱게도 굴 종패를 뿌려 놓았던 곳인데
아득한 포구의 얼굴 한숨만을 피웠다
추울수록
맑게 빛나는 바다의 언저리에는
뜯어낼 석화 아직 저리도 많은데
패각의 가슴 속 깊이 몰려드는 원유 떼

* 석화(石花): 굴

일상일기-꽃밭　53.0x45.5 cm

안개꽃 피다_이민아

그대를 기다린다
해 다 진 산문에 서서

어둠 속 참나무숲
창살로 짙어올 때

직지*에 와서야 안다
달려와서 우는 안개

*직지사

일상일기-꽃바람22　90.0x90.0 cm

애기기린초 노란 목덜미_조성문

골안개 걷어내며 산빛 끌고 가는 바람
공출 나간 조선처녀 이 깨물고 돌아앉은,
산골짝 애기기린초 노란 목덜미 내민다.

서릿발 친 고갯길 손차양하고 들먹이던
만주자작나무 숲 사이로 사라진 우리 고모
집 떠나 짓무른 앞섶, 영영 돌아오지 않았지.

흑룡강성 목단당에서 시집온 친구의 아내
하고픈 말 못다 이른 반달은 달무리 서고
꽃무리 반쯤 지워진 그 곱다란 손 살갑다.

일상일기-꽃바람8 72.7x52.0 cm

배꽃 지는 풍경_노영임

봄을 온통 누룩 빚고 흩날리는 흰 빛 축제
햇살 투명한 날 싸륵싸륵 꽃눈 내립니다
혀끝에 닿는 그 배꽃, 알싸하니 녹습니다

산등성이 저만치 명지바람 불어올 때
파르르 떠는 꽃잎, 허공 속에 포물선 긋고
사월의 끝자락 잡고 물구나무 서는 하루

이울어진 꽃자리마다 봉긋이 내민 가슴
아그배 닮은 계집아이 부끄러워 샐쭉하니
청술레* 밭길 따라서 앵돌아 뛰어갑니다

*청술레-올 배의 하나. 빛이 푸르고 물기가 많으며 맛이 좋음.

일상일기-꽃바람20 40.9×24.2 cm

일상일기-꽃바람　33.4×21.2 cm

사실적인 이미지의 치열한 모색의 場

미술 평론가 申恒燮

사실적인 작업에서 가장 중요한 것은 대상 및 사물에 대한 정확한 지각능력이다.

이는 관찰력과 밀접한 문제로써 대상이나 사물의 형태적인 특징을 정확히 인식함으로써 표상이 분명해지고 그에 상응한 묘사력이 뒤따를 때 안정된 형상을 얻을 수 있게 되는 것이다.

그렇다고 해서 사실적인 이미지를 변형하는, 비정형의 형상을 추구하는 경우에는 사실성을 정확히 인식하는 능력이 불필요한 것은 아니다. 형태의 변형이란 완전한 것으로부터 또 다른 완전성(조형적으로)으로의, 즉 질적 변화가 없는 변주인 까닭이다. 박영복은 사실적인 이미지의 변형과 그에 걸 맞는 추상적인 표현 언어를 교직시킨 표현구조의 구상작업을 하고 있다. 이 같은 작업의 형태적인 특징은 감정의 순환이 매우 빠르게 전개된다는 데 있다. 사실적인 이미지는 그 자신의 조형의지에 의해 통일된 형식으로 나타나는 반면, 그처럼 변형된 형상에 조형적인 안전성을 보조하는 추상 언어는 즉발적인 감정 상태에 의해 자유롭게 전개된다.

이러한 추상 언어는 형식논리를 배제한다. 그러므로 구체적인 형상과 무관한 듯싶은 추상 언어에서는 가장 순수한 상태의 미적 감성이 감지된다. 그런데 이 같은 추상적인 표현이 반드시 구체적인 형상, 즉 사실적인 이미지와 결부되어 나타나는가 하면, 그렇지 않다. 그의 작업에서는 오히

일상일기-꽃바람19 12P 유화

려 구체적인 형상이 나타나기 전, 즉 밑칠과 배경처리에서 이미 자유로운 표현감정이 개재되는 것이다. 그의 작업에서 밑칠이나 배경처리는 결코 무의미한 행위의 흔적은 아니다. 사실적인 이미지를 힘 있게 떠올리기 위한 치열한 모색의 장(場)인 것이다.

밑칠과 배경처리에 주어지는 색채 및 터치, 그리고 난비하는 듯 속필로 전개되는 선들은 그에 미감에 의해 자극된 심상의 표현인 것이다. 거기에는 아직 구체적인 형상에 대한 욕구는 나타나고 있지는 않지만, 보다 견고한 조형적인 설득력을 보조하기 위한 자기표현 욕구는 억제되지 않는다. 이처럼 치열한 추상작업을 통해 화면은 정지되고, 치밀해지며, 이로서 밀도감은 높아진다. 이 상태에서 그는 최종적으로 사실적인 이미지 즉 변형된 형상을 떠올리는 데 필요한 최소한의 선묘에 의해 간신히 지탱될 뿐이다. 그러기에 거기에 표현되는 선묘 역시 추상적인 분위기에 젖어든다.

형상을 명료하게 매듭짓는 선의 완결이 무시되고 있는 것이다. 선의 완결성이 감성의 순발력을 위해 강요될 수는 없다. 추상적인 표현은 사실적인 이미지에의 부담이 없으므로 자연히 빠르게 전개되기 마련이다. 거기에 논리적이고 형식적인 선의 개념이 관여할 여지는 없다. 다만 화면의 전체적인 통일에 기능하는 색채 선택만이 선행될 따름이다. 그의 그림에 보여 지는 색채는 이지적이다. 이때 감정은 절제되지 않으면 안 된다. 가장 빠르게 반응하는 색채감정은 당연히 원색에 주어지게 마련이다. 하지만 그가 이 같은 원색에 대한 색채감정의 직선 성을 배제하는 것은 작품의 내

일상일기-꽃바람5 72.7x60.0 cm

적 분위기를 보다 중시하기 때문이다.

색채의 절제는 중요한 일이다. 만일 즉발적인 표현감정에 맡기는 추상적인 표현이 원색을 받아들인다면 어떨까. 거기에서는 순도 높은 표현감정은 강조될지언정 화면의 내적 감정은 후퇴하거나 소멸되고 만 것이다. 그의 추상적인 표현력은 여물었다. 그리고 자유자재한 선의 흐름에도 군더더기가 없다. 감정을 표출하는 데 따른 주저함이 없는 것이다. 그만큼 추상 언어에 대한 그의 이해력은 만만치 않다. 그럼에도 불구하고 그 같은 이해력을 집중하는 노력이 아쉽다. 이 같은 일은 작가적인 신념이 여리거나 모든 개별적인 형식을 간과하기 때문일 것이다. 그에게는 개별적인 표현 언어를 분명히 인지하는 안목과 신념이 필요하다. 그가 섭렵해온 다양한 표현기법은 뚜렷한 자신의 미적 관점에서 통합, 개별적인 형식미를 산출하는 데 집중되어야 한다.

아무리 타고난 미적 감성과 뛰어난 묘사력이 있다 할지라도 개별적인 조형언법을 갖지 않으면 예술적인 평가에서는 논의될 수밖에 없는 것이다.

이번 전시회에서는 자신의 장점을 인식하고, 분출하는 표현 욕구를 하나의 형식 속에 집약할 수 있는 계기를 마련하기를 바란다.

*발췌 : 5회 개인전도록 서문 중에서

박영복을 지켜보면서

작가 최광천

박영복 형의 그림은 '놀이"이다. 철학적인 어려운 이론이다. 특별한 변명을 필요로 하지 않는 있는 그대로, 그려진 그대로의 그림일 뿐이다. 그래서 우리는 그의 그림을 볼 때 별다른 어려움을 느끼지 않는다.

이러한 점들이 그냥 이루어진 것은 아니다. 20년에 이르는 화력과 그 세월만큼이나 많은 변신의 노력이 그런 것들을 가능하게 한 것이다. 그를 지켜보면서 늘 경이롭게 느껴지는 것이 바로 이러한 변화에 대한 노력들이다. 그는 마치 어린아이들이 한 가지 일에 곧 싫증을 내듯이 화면을 그냥 두지를 못한다. 그래서 그의 화면은 늘 변해 왔다.

처음에는 화폭위에 유성도료를 붓고 비를 맞게 하는 지루한(?) 과정을 거쳐서 마티에르를 도입하고 그 위에 유희적인 화필로 토속적 풍경을 그리고 엷게 채색하는 방법으로서 고향에 대한 향수를 불러일으키게 하였다. 그러나 그러한 작업이 그의 목마름을 쉽게 채워 주지는 못하였던 것 같다.

곧바로 그는 종이죽을 이용한 화면조성에 몰두하게 된다. 유성도료에 의한 평면적인 화면에 반하여 이 종이죽을 이용한 작업은 입체로의 차원확장을 의미하게 되며, 이렇게 조성된 화면위에 예의 형상과 채색이 가해짐으로서 오히려 평면으로 보이게 되는 결과를 유도, 그의 의식은 어느새 공간을 초월한 4차원의 세계에까지 도달하게 되는 것이다. 이러한 것은 그가 선택한 토속적 풍경들에 의해 더욱더 명확해진다.

이러한 화면효과는 그의 의식 속에 자리잡고 있는 고향과 과거의 추억에 대한 향수를 그대로 대변해 주는 무한공간의 역할을 훌륭히 해주고 있는 것이다.

일상일기-꽃바람1
72.7x60.6 cm

일상일기-꽃바람2
90x90 cm

그 다음에 보이는 것은 찢어 붙이기이다. 고서를 화면에 찢어 붙이면서 과거를 기호화하고, 기호화된 화면위에 민화적 요소를 도입함으로써 잊혀진 과거에 대한 향수를 은유적으로 표현함에 성공하고 있다. 이것은 서양적 개념의 Collage와는 전혀 다른 의미를 가지며 오로지 의식의 흐름을 화면의 바탕에 깔아주는 역할을 하게 되는 것이다.

이러한 노력은 곧바로 흙에 대한 관심으로 옮아지게 된다. 흙만큼이나 우리의 과거를 정확히 알고 있는 것이 또 어디에 있겠는가? 역사에 의해 걸러진 흙의 화면에 등장함으로써 과거 혹은 고향에 대한 향수가 더욱더 짙게 배어나는 화면이 이룩되는 것이다.

이렇듯 많은 변화 속에서 요즈음의 그의 작업은 안료나 아크릴의 사용에 모아지고 있다. 유희구가 가지는 작업의 지연성이나 발색의 어려움이 그를 견대지 못하게 함에 따라 일회적 작업이 가능한 희구를 사용함은 아마도 당연한 귀착이 아닐까 한다. 그의 유희적 화필은 즉홍성과 대담성을 요구하게 되고 이러한 요구는 결국 한결 다루기 쉬운 질료로의 전환을 보이게 되는 것이다.

물론 이제까지 익숙해져 있던 유희구와 수성희구라는 새로운 질료의 이질감에서 오는 격차에 의한 어색함이 보이기는 하나 그것이 그리 큰 문제는 아닐 것이다.

한편 그가 지속적으로 다루어 오고 있는 주제는 토속적 풍경에 깃들여지는 향수어린 "동심과 고향" 이다. 화면의 효과가 어떤 것이었든 그는 일회적이고 즉홍적인 화필로서 유희하듯, 놀이하듯, 간결하고 속도 있는 필치를 보이며 이것을 그려내고 있는 것이다. 새, 구름, 꽃, 나무들이 있는 토속적 풍경과 노는 아이들, 그들의 어머니 일듯 한 여인들, 혹은 따로 떨어져 나오는 동물들은 우리의 가슴속에 있는 그리움을 그대로 표출해내고 있는 것이다.

근래에 들어 이러한 현상들이 다소 추상적인 형태로의 변화를 보이는데 이것 또한 쉽게 버려두지 못하는 작가적 근성의 한 현상이라 생각하며 이러한 방황(?)이 이번 전시를 통하여 한곳으로 모아져 안정감 있는 화면으로 자리 잡기를 바란다.

1991. 6

*발췌 : 5회 개인전도록 서문 중에서

일상일기-꽃바람18
53.0x45.5 cm 유화

괴로움을 두려워하지 않는 얼굴

작가 최광천

박영복의 그림에는 늘 편안함과 천진스러움이 있었다.

그가 즐겨 다루던 소재-고향 내음 나는 풍경이나 그 풍경과 하나가 된 아이들, 아낙들……, 그리고 그들의 삶과 함께하는 계절의 색-들은 모두가 편안함이었다. 거기에 곁들여 지는 계절이 주로 봄이나 여름이었음도 그러 하리라.

그것은 과거에 대한 애잔한 연민이었고 미래에 대한 막연한 희망, 그것이었을 것이다. 하지만 현실은 우리에게 희망만을 제시하지 않으며 과거의 포근함에 머물러 있게 하지를 않는다. 현실은 각박한 냉정함으로 우리를 황량한 벌판으로 내몰고 있을 뿐이다. 그리고 그에 따르는 고달픔…….

박영복의 그림에 이러한 현실(개인적이든 혹은 대중적이든)이 스며들기 시작한 것은 아주 최근의 일로 보여 진다. 고향같이 포근하던 풍경은 냉정한 현실의 윤곽으로 들어나고 풍요함에 춤추던 사람들은 고뇌하고 번민하는 구도적 수행자로 자리바꿈을 하였다.

그리고 그의 관심은 결국 그들의 얼굴에 초점을 맞추게 된다.

그들의 자세, 행동의 표현만으로는 작가 자신의 내면을 표출하기에 충분하지 못하였을 것이고, 그 부족함이 작가를 괴롭혔을 것이다. 인간의 내면을 표현함에 얼굴만큼 충분한 대상이 어디 또 있겠는가?

일상일기-꽃바람1 65.1x45.5 cm

이러한 전환은 그의 생활과 아주 밀접한 관계를 가지고 있다.

그간의 상대적 풍요함에서 오는 물질적 안정과 정신적 평안함은 그를 모든 속박에서 벗어날 수 있게 해 주었다. 그러나 이즈

음 일컬어 "전업작가"로서의 그는 작품으로만이 그러한 풍요함을 누릴 수 있는 상황에 와 있다. 이러한 상황은 그를 치열한 작가정신의 밭에 서 있을 수밖에 없게 하였다. 물론 이전의 그가 작가정신이 결여되었다거나 작품 속에 치열함이 없었다는 말은 아니다. 하지만 상대적으로 허약함을 보여 온 것은 사실이고 이제 그 구태와 나약함을 벗어 붙이려하는 것이다.

그의 그림 속에 있는 얼굴들은 무표정하거나 일그러져 있다.

한사람 또는 두 사람의 얼굴이 거칠고 혼란스러운 붓질 위에 나란히 혹은 외롭게 투영된다. 그 투영된 허상은 그 자신이거나 부부 일수도 있고, 이 세상의 모든 고뇌하는 자의 초상일 수도 있다. 그러나 그 표정들에 두려움은 보이지 않는다.

여기에서 우리는 바로 작가 자신을 발견할 수 있다. 봄날의 고향 같은 포근함에서 벗어나 황무지의 맞바람에 벌거벗기어 내동댕이쳐진 그, 그 또한 두려움이 없다. 그것이 그의 힘이고, 그 힘으로 그를, 그의 작업을 믿어본다.

피나는 싸움이 계속 될지라도 절대 꺾이지 말기를…….

色卽是空, 空卽是色

1994. 4

춤출 수 있는 날을 위한, 일상일기

화가 권용택

20여년이 넘도록 반추상적인 표현어법으로 하루하루를 일기 쓰듯이 작업에 매달려온 박영복이 기존의 형식에서 보다 진전된 인체를 중심으로 한 작업을 모아 개인전을 갖는다.

습작기부터 지금에 이르기까지 그의 작업 전개과정을 꾸준히 지켜본 필자로서 이번 작품전을 바라보는 감회가 남다른데, 결국 열심히 작업에 임하는 작가만이 살아남는다는 사실을 다시한번 공감하게 된다.

그간에 발표되었던 박영복의 그림을 보는 이로 하여금 아련한 추억과 동심의 세계로 끌어 들인다는 평가를 받아왔는데, 사람과 자연이 하나로 어우러진 아련하고 목가적인 풍경, 어머니와 아이의 따듯한 정을 담은 모자상, 까치와 바보 호랑이, 물고기 등이 등장하는 동화의 세계와 독특한 화면질감을 바탕으로 반추상적인 표현형식과 함께 은은하게 표현 되므로 써 장식적 효과는 물론 인간의 귀소본능을 일깨워 주었기 때문으로 보인다.

그 동안 박영복의 작품 속에 지속적으로 등장하던 향토적 소재와 이를 담아내는 그릇으로서 반추상을 기조로 한 형식은 변함이 없지만 재료 사용과 화면 구성방식에서는 수많은 변

일상일기-달맞이꽃 40.9x24.2 cm

일상일기-꽃밭에서
72.7x53.9 cm

화를 가져왔다. 놀이에 쉽게 싫증을 느끼고 새로운 놀이에 빠지는 어린아이처럼 한 가지 재료와 형식에 안주하기를 꺼리는 박영복은 80년대 중반까지 화면의 독특한 재질감 개발에 중점을 두었는데, 물과 기름의 반발현상을 이용한 굴곡이 다채로운 방울화면은 지금도 많은 사람들의 기억 속에 남아있다.

이후 장판지와 고서지를 이용한 꼴라쥬작업 등 재료개발에 많은 노력을 기울여오는 동안 화면의 영구성에 대한 시행착오를 거쳐 최근에는 기존의 캔버스 작업 외에 한지와 먹, 아크릴을 주재료로 파스텔, 금분 등을 이용한 작업에 몰두하고 있다. 이처럼 방법적인 면에서 다양한 시도와 함께 작품의 중심요소인 선과 색채의 사용에 많은 변화를 가져왔는데, 초기의 선이 형태의 외곽을 결정짓는 요소로서 강제성을 보이고 있었다면, 일상일기-像 연작처럼 최근의 선은 속도감을 동반한 선 그 자체로서 조형적 요소를 갖고 있다는 것이며 색채 도한 고정화된 관념적 색채로부터 자유로운 이미지 표출로서 독립적인 위치로 자리하고 있다는 점이다.

아울러 형상 또한 선배 화가들이 즐겨 다뤄왔던 향토성과 서정성이 돋보이는 具像경향의 도식적으로 연약한 형상의 영향에서 벗어나려는 시도가 "일상일기-춤", "일상일기-像" 연작 등에서 뚜렷하게 눈에 띄고 있어 무척 고무적인 결과로 받아들여진다. 그럼에도 불구하고 박영복에게 남아있는 문제가 있다면, 하루하루 생활처럼 그림을 그린다는 행위로서의 일상이 아니라 그의 관심사와 일상생활이 그림에서 드러나야 한다는 것과, 이미 보았거나 보지 않아도 알 것 같은 몇몇 형상으로부터의 탈피일 것이다.

이번 전시와 함께 전업작가로 들어선 박영복의 성공적인 출발을 기대한다.

*발췌 : 8회 개인전도록 서문 중에서

일상일기-꽃사람　72.7x60.0 cm

박영복 Park, Young Bok

동국대학교 교육대학원(미술교육전공)
개인전 10회(서울, 수원, EQUADOR)
경기예술인100선전(수원미술전시관)
북유럽백야전(동아갤러리)
싸롱드쁘랑땅 국제교류전(일본, 한국)
한 · 불가리아 미술교류전(불가리아 쏘피아)
한국작가100인 초대전(LA 현스화랑)
한 · 러시아 교류전(모스크바 크즈넵스키미술관)
유럽, 아프리카 스케치전(백송화랑)
경기아트페어 등 국내외전 160여회 참가
제1회 수원예술대상(미술부문)수상
경기미술대전 초대작가

현) 상형전, 한국미술협회회원
전업작가

작업실 I 강원도 평창군 진부면 송정리 1964번지
(아람치골 산방)
TEL I (033) 333 - 0418
HP: 011 - 258 - 5928

시인 약력(수록순)

김춘수 | 경상남도 통영 출생. 1946년 작품활동을 시작. 981년 제11대 국회의원.
1986년 한국시인협회장.

허영자 | 경남 함양 출생. 1962년『현대문학』등단. 한국시인협회상, 월탄문학상 수상.

유안진 | 경북 안동 출생. 1965년 『현대문학』등단. 소월시문학상 수상.

임동윤 | 경북 울진 출생. 1968년 작품활동을 시작. 수주문학상 수상.

나태주 | 충남 서천 출생. 1971년 서울신문 등단. 충청남도문화상, 현대불교문학상,
박용래문학상 등 수상.

장 렬 | 1979년 『시문학』천료. 제39회 『월간문학 』 신인작품상 당선.

황인원 | 서울 마포 출생. 1986년 『시조문학 』 등단.

권갑하 | 경북 문경 출생. 1985년 나래동인으로 활동 시작, 역류동인.

김삼환 | 1958년 전남 강진 출생. 1992년 작품활동 시작. 역류동인.

이종문 | 경북 영천 출생. 1993년 경향신문 신춘문예 당선. 역류동인.
현재 계명대학교 사범대학 한문교육과 교수.

강현덕 | 1994년 중앙일보 지상시조 백일장 연말장원. 역류동인.

우은숙 | 정선 출생. 1996년『시조와 비평』신인상 당선. 역류동인.

박지현 | 부산 출생. 1999년 대구시조 장원.21세기동인.

이송희 | 광주 출생. 2003년 조선일보 신춘문예 당선. 21세기동인.

이석구 | 충남 청양 출생. 2005년 동아일보 신춘문예 당선. 21세기동인.

정선주 | 제4회 전국 시조 가사 공모전 대상 수상. 21세기동인.

황성진 | 충남 태안 출생. 2004년 조선일보 신춘문예로 등단. 21세기동인.

이민아 | 서울 출생. 2005년 국제신문 신춘문예 시 당선. 21세기동인.

조성문 | 전남 함평 출생. 2006년 조선일보 신춘문예 당선. 21세기동인.

노영임 | 충북 진천 출생. 2007년 조선일보 신춘문예 당선. 21세기동인.